La Biblia para los más pequeños

Mercè Segarra
Armelle Modéré

edebé

Dios creó el mundo paso a paso.
El primer paso fue crear la luz del
día y la oscuridad de la noche.
El segundo, el cielo, los mares y
las montañas. El tercero, los árboles
y las flores.

La Creación

El cuarto, el Sol,
la Luna y las
estrellas.
El quinto, los
animales.
Y el sexto y último,
a las personas,
para que amaran
la Tierra.

Adán y Eva

El primer hombre y la primera
mujer que Dios creó se
llamaban Adán y Eva, y vivían
en un lugar maravilloso:
el jardín del Edén.
Dios les dijo que podían comer
la fruta de cualquier árbol, salvo
la de uno que parecía
un manzano.

Pero una serpiente maligna los convenció para que comieran de él. Cuando Dios supo que habían probado la fruta prohibida, se enfadó y los echó del jardín.

Construcción del Arca

Cada vez la Tierra estaba más poblada. Las personas dejaron de ser bondadosas y no se acordaban de Dios, excepto Noé.

Dios le pidió que construyese un gran barco,
un arca, porque inundaría la Tierra y así Noé
y su familia podrían salvarse.

El Diluvio

Dios le pidió a Noé que subiera al arca una pareja de cada especie animal de la Tierra, y que también subiesen él y su familia.

Entonces llovió durante cuarenta días y cuarenta noches, y todo se inundó. Pero Noé, su familia y los animales estaban a salvo, porque se encontraban en el arca.

Cuando por fin cesó la lluvia, bajaron del arca. Y Dios, como promesa de que nunca más volvería a inundar la Tierra, formó un arco iris.

Abraham y Sara formaban un matrimonio de avanzada edad y sin hijos. Un día, Dios le dijo a Abraham que se fuera a vivir a otro lugar. Que él le indicaría cuál.

Abraham y Sara

Abraham le obedeció, y junto con su esposa,
cogieron las ovejas y las cabras y comenzaron el viaje
hacia un destino desconocido.

Isaac

Una noche, Abraham escuchó que Dios le decía:

—Ésta es la tierra que, como regalo, os doy a ti y
a tus hijos.

—Pero si no tengo hijos —le respondió Abraham, con
tristeza—. Y ya no los podré tener. Soy demasiado viejo.

—Mira el cielo, Abraham. ¿Ves las estrellas?
Abraham asintió.

—¿Y puedes contarlas? —le preguntó Dios.

—No. Nadie puede —respondió Abraham.

Entonces, Dios le dijo:

—Escúchame bien, Abraham: así de numerosos serán tus descendientes. Tendrás un hijo y tendrás nietos.

Dios cumplió su promesa. Un año más tarde, Sara tuvo un hijo: Isaac.

Esaú y Jacob

Isaac y Rebeca tuvieron dos hijos gemelos, Esaú y Jacob, muy distintos entre sí. Cuando Jacob se hizo mayor, decidió irse a vivir a casa de su tío, que vivía muy lejos.

De camino, una noche se durmió apoyado en una
piedra y tuvo un sueño: veía una larga escalera que
llegaba hasta el cielo y ángeles que subían y bajaban.
Dios estaba en lo alto de la escalera y le decía:
«Jacob, nunca te abandonaré. Y además, te daré
muchos hijos y tierras». A partir de aquel día, Jacob
no tuvo miedo nunca más.

José

Jacob tuvo doce hijos. Uno se llamaba José, y como Jacob lo quería mucho, le regaló una túnica muy bella.

Sus hermanos lo envidiaban.
Y por este motivo, un día, mientras
apacentaban los rebaños, lo
cogieron, le arrebataron la túnica,
y lo vendieron a unos comerciantes
que se lo llevaron muy lejos:
a Egipto.

17

José en Egipto

Mientras José estuvo en Egipto, Dios lo protegió. Además, le concedió el don de saber explicar el significado de los sueños.

Un día el rey de Egipto lo llamó porque quería saber qué significaban dos sueños que había tenido. Significaban que Egipto tendría siete años de buenas cosechas seguidos de siete años de escasez y hambruna. José le aconsejó que durante los años de abundancia guardase alimentos para abastecer al pueblo para cuando llegasen los años de escasez.

Cuando llegó la época de hambruna,
Jacob envió a todos sus hijos, salvo
a Benjamín, el más pequeño, a
comprar comida a Egipto.

Los hermanos de José

José los vio, y sin descubrirles quién era, les pidió
que fuesen a buscar a su hermano pequeño.
Cuando se reunieron todos, les explicó quién era y
los perdonó por lo que habían hecho en el pasado.
Al final, vivieron todos juntos en Egipto.

Israelitas en Egipto

Al cabo de unos años, hubo en Egipto otro faraón que no había conocido a José.

Este faraón tenía miedo, porque muchos israelitas habían ido a Egipto en busca de alimentos, y muchos de ellos eran poderosos. Para que no se rebelaran, decidió convertirlos en esclavos y, además, ordenó que matasen a todos los niños israelitas que nacieran.

Moisés

Una madre israelita tuvo un hijo y no quería que lo matasen. Por eso hizo una cesta de paja, en donde puso a su hijo, y la dejó junto al río.

La cesta fue flotando hasta que se topó con unos juncos. La hija del faraón la encontró y decidió quedarse al niño y criarlo como si fuese su hijo. Le puso el nombre de Moisés, que significa "salvado de las aguas".

Zarzal en llamas

Cuando Moisés creció, supo que era israelita en lugar de egipcio. Al ver cómo vivía su pueblo, decidió escaparse del palacio e irse al desierto.

Cuando llegó, vio un zarzal en llamas y se acercó.
De pronto, oyó que Dios le decía:

—Vuelve a Egipto y pídele al faraón que libere a
los israelitas.

Moisés obedeció, pero el faraón no quiso liberarlos.

Salida de Egipto

Como el faraón no quería liberar a los israelitas, Dios decidió castigar a los egipcios enviándoles unas plagas. El faraón, al verlo, se asustó y dejó marchar a los israelitas. Entonces, Moisés guió su pueblo hacia la Tierra Prometida o Tierra de Canaán. Esta salida de Egipto se conoce como el Éxodo.

Cuando los israelitas salieron de
Egipto, el ejército del faraón los siguió.
Al llegar al mar Rojo, los israelitas no
sabían cómo atravesarlo.

Un camino en el agua

Pero Dios envió un viento muy poderoso para ayudarlos, y a la mañana siguiente, encontraron un camino entre dos muros de agua. De este modo, pudieron cruzar el mar y llegar hasta el desierto.

Dios donó pan

Aunque habían huido de los egipcios, los israelitas vagaban por el desierto muertos de sed y de hambre.

Moisés pidió ayuda a Dios, quien les
prometió que caería pan del cielo como
si fuese lluvia. Y así fue: llovió un pan
llamado maná que sabía a galletas
hechas con miel.

Los israelitas llegaron al monte Sinaí.
Un día se cubrió de niebla y hubo una
gran tempestad.

Los Diez Mandamientos

Dios llamó a Moisés y le dio dos
tablas de piedra con las leyes que
debía cumplir el pueblo de Israel.
Estas leyes se denominan los Diez
Mandamientos.

Dios ordenó que su pueblo
construyera un arca, una especie
de cofre, para guardar las tablas
de los Mandamientos.

Los soldados israelitas, cuando
viajaban por el desierto, la vigilaban,
y cuando paraban, la dejaban en
una tienda de campaña decorada
con tapices. Para ellos, era como
un templo donde rezaban y
adoraban a Dios.

Trompetas de Jericó

Al cabo de muchos años, Moisés murió y Dios escogió a Josué como nuevo guía de Israel. Su misión era conducir a su pueblo hasta Canaán. La primera ciudad que encontraron fue Jericó, donde no podían entrar porque estaba rodeada de murallas muy altas. Entonces, Dios le dijo a Josué que caminasen alrededor de la ciudad tocando las trompetas. Lo hicieron durante seis días, y al séptimo, las murallas se derrumbaron y pudieron entrar en la ciudad

Samuel

Los israelitas conquistaron aquellas tierras, pero no siempre se comportaban bien. Dios dio a Israel unos guías (los jueces o profetas) que ayudaban a los israelitas a seguir el buen camino.

El último de estos guías fue Samuel, que
gobernó muchísimos años. Cuando se hizo
anciano, escogió a sus hijos para gobernar,
pero el pueblo se cansó y le pidió que
eligiese a un rey para el pueblo.

Saúl

Samuel escogió a Saúl como primer rey de Israel. Saúl era muy fuerte y venció a muchos pueblos enemigos.

Pero les arrebataba cosas,
se las quedaba y no las
compartía con nadie.
Eso no agradaba a Dios,
que le pidió a Samuel que
escogiese a otro rey.

Samuel escogió al joven pastor David como nuevo rey. David, que era muy valiente, luchó contra Goliat, que era un gigante del ejército enemigo a quien todo el mundo temía.

David y Goliat

David venció al gigante
y fue un buen rey.
Convirtió Jerusalén en
la capital de su reino, y
Dios lo ayudó.

El rey Salomón

Cuando David murió, su hijo Salomón fue el nuevo rey de Israel. Pidió a Dios sabiduría, porque deseaba gobernar bien.

Como lo que le había pedido no eran bienes materiales, Dios se alegró y le concedió muchas riquezas. Salomón, en agradecimiento, hizo construir un templo dedicado a Dios en Jerusalén.

Daniel y los leones

Daniel fue un gran profeta que vivía en la corte del rey de Babilonia, donde era consejero. En Babilonia, adoraban a unos falsos dioses y había una ley que castigaba a todo aquel que no los rezase.

Como Daniel era fiel a Dios, lo castigaron: lo pusieron en una fosa con leones. Pero no tenía miedo, porque confiaba en que Dios lo protegería de los leones.

Y así fue, pues nada le hicieron. De ese modo, los babilonios se dieron cuenta de que el Dios verdadero era el de Daniel.

Jonás y la ballena

Dios pidió a Jonás, un profeta, que
fuese a Nínive para pedirle a la gente
que fuera bondadosa. Jonás no quería
ir y subió a un barco para huir.

Mientras estaba en el barco, hubo una fuerte tormenta y Jonás se dio cuenta de que era el culpable, porque no había hecho caso de las órdenes de Dios. Así pues, pidió a los marineros del barco que lo tirasen al mar. Cuando cayó al agua, una gran ballena se lo tragó. Pero pidió perdón a Dios, y fue perdonado.

A María, que vivía en Nazaret,
un día se le apareció un ángel
que le dijo que tendría un hijo
y que se llamaría Jesús. Sería
el Rey prometido por Dios.
El hijo de Dios.

La Anunciación

María, emocionada, fue a explicar la noticia a su prima Isabel, que también estaba embarazada. Isabel fue la madre del último profeta, Juan Bautista, que preparó la llegada de Jesús en el corazón de la gente.

María se casó con José,
un carpintero. Ambos
fueron a Belén.

El Nacimiento

Después del largo viaje, estaban muy cansados y buscaban alojamiento, pero no lo hallaban porque había mucha gente. Por suerte, pudieron dormir en un establo que les proporcionó un hombre. Aquella noche nació Jesús.

Una buena noticia

La noche en que nació Jesús había unos
pastores durmiendo en el campo, cerca de
Belén. De pronto, el cielo se les iluminó y
apareció un ángel que les anunció que en Belén
había nacido un bebé que sería el Salvador.
Los pastores se apresuraron para ir a verlo.

Los Reyes de Oriente

Muy lejos de Belén, en Oriente, vivían unos Reyes Magos muy sabios.

Una noche, se les apareció una estrella muy brillante y pensaron que era una señal de Dios, así que cargaron sus camellos y siguieron la estrella, que les llevó hasta el establo donde había nacido Jesús. Lo adoraron y le regalaron oro, incienso y mirra.

Jesús y su familia vivían en Nazaret. Cuando Jesús tenía doce años, sus padres lo llevaron a Jerusalén a celebrar la Pascua.

Jesús en el templo

Cuando se acabaron los festejos, todo el mundo volvió a su casa. María y José creían que Jesús estaba entre los que regresaban, pero se dieron cuenta de que no, por lo que volvieron a Jerusalén para buscarlo.
Lo hallaron en el templo hablando con los maestros, con los que enseñaban cosas sobre Dios a la gente. Jesús les preguntaba sobre Dios, y ellos estaban impresionados por su manera de hablar.

El Bautismo

Juan Bautista, el primo de Jesús, vivía en el desierto. Un día, mientras estaba en el río Jordán animando a la gente a ser bondadosa y bautizándola, se le acercó Jesús, que le pidió que lo bautizase.

Mientras Juan lo bautizaba, Dios le
dijo refiriéndose a Jesús:
—Es mi hijo.
Así fue como todo el mundo supo
que Jesús era hijo de Dios.

Los Discípulos de Jesús

Jesús sabía que era el
momento de recorrer el país
para enseñar que Dios amaba
a todo el mundo y para pedir
que la gente se amase.

Necesitaba a hombres que lo ayudaran a
difundir estos mensajes. Por eso escogió
a doce ayudantes, la mayoría pescadores,
a los que denominó sus discípulos.

Las bodas de Caná

A Jesús y a sus discípulos los invitaron a una boda. Mientras María ayudaba en la fiesta, el vino se acabó.

María, entonces, pidió a su hijo que hiciera algo,
porque lo sentía por los novios y por sus familiares.
Jesús hizo por ella un milagro. Convirtió el agua de seis
jarras en un buenísimo vino.

Jesús cura a los enfermos

Jesús viajó por muchos
lugares con sus discípulos
durante tres años.

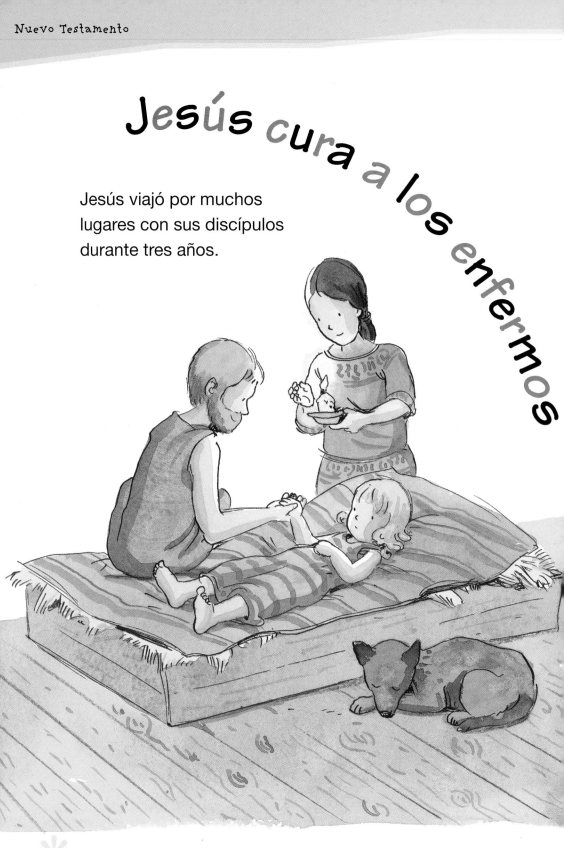

Cada vez que llegaba a una ciudad, lo recibían con mucho entusiasmo porque tenía el poder de curar a los enfermos solamente tocándolos.

Jesús también se dio a
conocer porque explicaba
unas historias muy bellas
para hablar del amor a
Dios: las parábolas.

Las parábolas

Cada una de estas parábolas tenía un
mensaje para que la gente fuera buena
y para que entendiese que Dios amaba
y perdonaba a todo el mundo.

Parábola de los dos hijos

Un hombre tenía dos hijos y le pidió al hijo mayor que fuese a trabajar al viñedo propiedad de la familia.

Éste le respondió que no quería ir, pero más tarde, después de reflexionar, se arrepintió de su respuesta y decidió ir a trabajar.

El padre le dijo lo mismo al hijo pequeño, quien rápidamente le contestó que enseguida se iría a trabajar, pero al final no fue.

¿Cuál de los dos hijos siguió la voluntad del padre?

Parábola de las dos casas

Jesús dijo: «Quien escucha estas palabras mías y las pone en práctica es como aquel hombre sensato que edificó su casa cavando los cimientos en la roca.

Cayó la lluvia, soplaron los vientos, rompió el torrente contra la casa, y ésta no se derrumbó porque tenía buenos cimientos.

No obstante, quien escucha estas palabras mías y no las pone en práctica, es como aquel hombre necio que edificó su casa sobre la arena. Cayó la lluvia, soplaron los vientos, rompió el torrente contra la casa, y ésta se desplomó, porque no tenía buenos cimientos.»

Parábola del grano de mostaza

Jesús también dijo a sus amigos: «Lo que deseo de vosotros es que seáis como un grano de mostaza.

Cuando se siembra, la mostaza es una de las semillas más pequeñas que hay en la Tierra, pero cuando el arbusto nace y crece, se hace más esbelto que todas las plantas de la huerta. Sus ramas se hacen muy grandes y bajo su sombra se pueden refugiar los pájaros del cielo».

Un pastor tenía 100 ovejas y perdió una.
Dejó las otras 99 y se fue a buscar
a la que se había perdido hasta
que la encontró.

Parábola de la la oveja perdida

Entonces, volvió muy contento
a su casa y reunió a todos sus
amigos para explicarles la
buena noticia.

Un día, unos cuantos padres llevaron a sus hijos a Jesús para que los bendijera. Pero los discípulos les dijeron que no, que Jesús estaba muy ocupado.

Jesús y los niños

Jesús vio que padres e hijos se iban muy
tristes y se enfadó con los discípulos.
Entonces bendijo a cada uno de los niños.

Hacia Jerusalén

Una primavera, Jesús y sus discípulos fueron a Jerusalén para celebrar la Pascua.

Jesús entró encima de un asno y la gente
lo saludaba con ramas de olivo y palmas.
Él se emocionó mucho al ver que todo
el mundo lo admiraba, y entró así en la
ciudad como un rey.

La traición de Judas

Los grandes sacerdotes del pueblo pensaban que Jesús tenía influencia sobre la gente y querían matarlo.

Judas, uno de los discípulos, no amaba a Jesús ni lo comprendía. Por eso, dijo a los sacerdotes dónde podían encontrarlo a cambio de treinta monedas de plata.

La Última Cena

Jesús sabía que moriría pronto y quería celebrar la última cena de Pascua con sus discípulos. Aunque estaba triste, intentaba que ellos no se diesen cuenta y los animaba a que se amasen entre sí tal y como él los había amado.

Durante la cena, bebieron y comieron pan. Jesús les dijo que siempre que se reunieran a compartir el pan se acordasen de él.

El Monte de los Olivos

Después de cenar, Jesús se fue
a rezar a un huerto que había
en el Monte de los Olivos.
Algunos discípulos lo siguieron.

De pronto, apareció Judas con
los soldados de los grandes
sacerdotes, que detuvieron
a Jesús y se lo llevaron ante
Poncio Pilatos, el gobernador.

Crucifixión de Jesús

Poncio Pilatos preguntó
a Jesús si era hijo de
Dios y él contestó que sí.

Pilatos quería liberar a Jesús porque creía
que no había hecho nada, pero los grandes
sacerdotes lo querían matar, así que les hizo
caso. Finalmente, Jesús murió crucificado
en un monte fuera de la ciudad.

Resurrección

Los amigos de Jesús lo enterraron en una cueva y sellaron la entrada con una gran piedra.

Tres días más tarde, tres mujeres fueron y vieron la piedra movida. Entonces se les apareció un ángel que les dijo que Jesús había resucitado, y ellas se fueron corriendo a explicarlo a los discípulos.

Ascensión

Después de resucitar, Jesús se apareció a sus amigos en diversas ocasiones.

Un día les explicó que estaba a punto de irse al cielo con Dios, su padre, pero que les prometía que les enviaría al Espíritu Santo, que los ayudaría a ser más fuertes para explicar a la gente su historia y su mensaje de salvación. Unos días más tarde, sus discípulos notaron un fuego que les daba luz y calor. Era el poder que les transmitía Jesús para poder difundir por todo el mundo lo que les había enseñado.

La Biblia para los más pequeños

Texto: Mercè Segarra

Ilustración: Armelle Modéré

Diseño y maquetación: Gemser Publications, S.L.

© Gemser Publications, S.L. 2010

© de la edición: EDEBÉ 2010
Paseo de San Juan Bosco, 62
08017 Barcelona
www.edebe.com

ISBN: 978-84-236-7999-7

Impreso en China
2ª edición, septiembre 2010